La bas royale de Saint-Denis

Philippe Plagnieux
maître de conférences à l'université de Paris-X-Nanterre

Remontant aux origines mêmes du christianisme en Gaule, l'édifice fut conçu pour abriter la dépouille de saint Denis, martyrisé au milieu du IIIe siècle. Il devint ensuite, jusqu'à la Révolution, l'un des principaux et des plus riches centres monastiques du royaume. Patron du roi de France et, par identification, de la nation tout entière, saint Denis fut choisi pour veiller, dans l'abbaye qui lui était consacrée, sur le repos éternel des souverains.

La façade et le chevet appartiennent aux toutes premières expériences en matière d'architecture gothique, dans le deuxième quart du XIIe siècle. Quant au transept et à la nef, élevés à partir de 1231, ils marquent l'aboutissement des recherches architecturales gothiques du nord de la France par la quasi-disparition de la paroi au profit d'immenses surfaces vitrées.

Enfin, l'actuelle cathédrale sert d'écrin à la plus

inestimable collection de monuments funéraires et peut, à juste titre, se prévaloir d'être le lieu de mémoire le plus intimement lié à l'histoire des rois de France.

La basilique médiévale

Les origines

La *Vie de sainte Geneviève*, rédigée vers 520, présente Denis comme un évêque ordonné à Rome par le pape saint Clément Iᵉʳ (90-100) qui lui aurait donné pour mission d'aller évangéliser les Parisii. Il fut martyrisé et inhumé à 4 lieues de la capitale, à Catulliacus, nom ancien de Saint-Denis signifiant « le domaine de Catullus ». Sainte Geneviève aurait fait bâtir sur sa tombe une basilique dans la seconde moitié du Vᵉ siècle. Vers 600, les textes mentionnent pour la première fois les deux compagnons de Denis, le prêtre Éleuthère et le diacre Rustique. La légende évolue au IXᵉ siècle : on affirme alors que le premier évêque de Paris et Denys l'Aréopagite, converti par l'apôtre Paul sur la colline de l'Aréopage d'Athènes et cité dans les Actes des Apôtres, ainsi qu'un auteur syrien du début du VIᵉ siècle connu sous le nom de Pseudo-Denys, rédacteur d'un traité sur la hiérarchie céleste, ne sont qu'un seul et même personnage. Celui-ci aurait subi le martyre à Montmartre et porté sa tête dans ses mains jusqu'au cimetière de Catulliacus.

Les différentes campagnes archéologiques ont fait apparaître à l'emplacement de la basilique une nécropole du Bas-Empire. Les tombes semblent en tout cas postérieures aux plus anciennes structures retrouvées en fouilles. Cela pourrait corroborer le témoignage d'un récit remontant au début du VIᵉ siècle, la première *Passion de saint Denis*. Selon ce texte, une chrétienne aurait inhumé le corps de saint Denis, probablement martyrisé vers 250, dans un champ lui appartenant, avant que ne soient élevés sur cet emplacement un mausolée puis une basilique. La tombe a dû rapidement faire l'objet d'une vénération locale. Le mausolée n'a vraisemblablement été construit que peu après 313 – date de l'édit de Constantin qui instaure la « paix de l'Église » –, soit un peu plus d'un demi-siècle après l'inhumation du saint, et a ensuite attiré d'autres sépultures chrétiennes. Toujours selon les investigations archéologiques, la basilique primitive aurait été agrandie vers la fin du Vᵉ siècle. Il s'agit peut-être de la construction que la tradition attribue à sainte Geneviève. Plusieurs hauts personnages ont été enterrés dans cette adjonction, comme

Le Martyre de saint Denis, par Léon Bonnat, toile marouflée (Paris, Panthéon).

la reine Arégonde, épouse de Clotaire Iᵉʳ, décédée dans la seconde moitié du VIᵉ siècle.

C'est probablement à partir du VIIᵉ siècle, sous l'impulsion des rois Dagobert Iᵉʳ et Clovis II, que la communauté desservant la basilique adopte le mode de vie monastique ; celle-ci compte, tout au long du Moyen Âge, environ cent cinquante religieux, auxquels il convient d'ajouter les serviteurs et les hôtes de l'abbaye.

L'abbatiale carolingienne

Il semble qu'à l'occasion de son second sacre à Saint-Denis, en 754, Pépin le Bref fasse vœu de bâtir à neuf l'antique basilique. Les travaux, entrepris par ses deux fils Charlemagne et Carloman, ne débutent qu'après sa mort, vers 768-769. Le 24 février 775, l'abbé Fulrad consacre le nouvel édifice, constitué

Vestiges de la crypte de l'église carolingienne de l'abbé Fulrad consacrée en 775.

d'une nef divisée en trois vaisseaux par deux files de colonnes de marbre, d'un transept et d'une abside, le tout mesurant plus de 80 mètres de long. Lors des grandes célébrations liturgiques, 1 250 lampes éclairent l'abbatiale. Vers 800, Fulrad dote la basilique d'une nouvelle adjonction en avant de la façade occidentale, au-dessus de la tombe de Pépin le Bref.

Les cryptes. À l'imitation de Saint-Pierre de Rome, il existe sous l'abside une crypte qui permet aux pèlerins de vénérer les reliques de saint Denis et de ses deux compagnons. Cette crypte du VIIIe siècle a été en partie retrouvée lors des fouilles archéologiques : un couloir annulaire contourne la confession♦ centrale qui abritait une petite plate-forme sur laquelle étaient disposés les sarcophages de saint Denis, au centre, et des saints Rustique et Éleuthère. Il subsiste, en outre, quelques éléments du décor peint dans les ébrasements des baies qui éclairaient le couloir.

♦**Confession :** chapelle contenant la tombe d'un martyr.

Vers 832, l'abbé Hilduin édifie une seconde crypte, en arrière de la première, placée sous l'invocation de la Vierge. L'abbé se réfère, là encore, au modèle de Saint-Pierre de Rome, où une chapelle semblable dédiée à la Vierge se greffait sur l'abside. Cette seconde partie est profondément modifiée par la suite pour constituer la salle centrale de la nouvelle crypte construite au XIIe siècle par l'abbé Suger.

Base de colonne de la basilique carolingienne.

L'œuvre de Suger

Le XIIᵉ siècle est marqué par l'arrivée de Suger, personnalité exceptionnelle qui consacre sa vie au service de l'Église et de l'État, se hissant au rang des personnages les plus importants du royaume malgré son origine modeste et un physique, comme il l'avoue lui-même, malingre. Abbé de Saint-Denis de 1122 jusqu'à son décès en 1151, il est aussi le compagnon d'études et l'ami du roi Louis VI, puis le conseiller de son fils, Louis VII, qui le nomme régent du royaume à son départ pour la deuxième croisade, en 1147. Suger se montre un administrateur hors de pair. Il peut ainsi amasser suffisamment de fonds pour enrichir le trésor de précieux objets d'orfèvrerie. Suger rédige deux ouvrages dans lesquels il justifie et explique ses travaux et ses embellissements : *Écrit sur la consécration de Saint-Denis* et *L'Œuvre administrative*.

Patène, monture en or et pierreries, de l'ancien trésor de Saint-Denis (Paris, musée du Louvre).

« Aigle de Suger », vase de porphyre (pierre antique) monté en argent doré, de l'ancien trésor de Saint-Denis, XIIᵉ siècle (Paris, musée du Louvre).

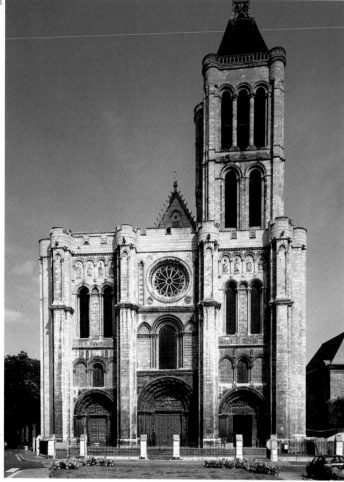

La façade occidentale. Le chantier remonte aux années 1130. Lors de la dédicace, le 9 juin 1140, seules les tours demeurent inachevées. Reflet des toutes nouvelles techniques et esthétique de l'art gothique, la façade comporte encore quelques maladresses dans son architecture mais développe un programme des plus complexes. Primitivement couronnée de deux tours réunies par un parapet crénelé évoquant la Jérusalem céleste, elle est conçue selon un rythme ternaire, en hommage à La Trinité. Le décor de ses trois portails – hélas en grande partie détruit ou fortement restauré – doit être considéré comme un véritable acte de naissance de la sculpture gothique. Avant leur transformation en 1771, les portails s'ornaient d'une série de statues-colonnes♦ qui représentaient les rois et les reines de l'Ancien Testament. Plusieurs têtes provenant de cet ensemble sont actuellement conservées à Paris au musée national du Moyen Âge – Thermes et Hôtel de Cluny.

♦**Statue-colonne** : figure en très haut relief liée à une colonne, représentée dénuée d'expression et le corps démesurément étiré.

Au *portail central* apparaît le Jugement dernier.
Le tympan figure le Christ juge entouré par les apôtres
et par des anges portant les instruments de la Passion ;
la scène inférieure décrit la résurrection des morts.
Le Jugement se poursuit sur la voussure intérieure
avec, à gauche, la représentation du paradis et,
à droite, celle de scènes infernales. Les trois autres
voussures montrent les vingt-quatre vieillards de
l'Apocalypse tenant des instruments de musique.
Les Vierges sages et les Vierges folles se tiennent le long
des piédroits ; elles préfigurent les élus et les damnés.
Bien que modernes, les portes centrales imitent fidè-
lement les portes de bronze d'origine sur lesquelles
étaient figurées *La Passion* et *La Résurrection*.

**Les vieillards
de l'Apocalypse**
ornant les
voussures du
portail central.

*Suger aux pieds
du Christ* et
La Résurrection
sur l'un des deux
vantaux de la
porte du portail
central, réalisée
au XIXᵉ siècle
à l'imitation des
portes de bronze
d'origine.

Portail central
du Jugement
dernier avec,
au tympan,
le Christ juge,
les apôtres et
les anges portant
les instruments
de la Passion.

Portail sud.

♦Ogive : *arc diagonal sur lequel repose la voûte.*

♦Colonnette en délit : *colonnette de pierre dont les veines de carrière sont verticales et qui est adossée au mur.*

Les travaux des mois ornant les piédroits du portail sud.

Le *portail sud* montre la dernière communion en prison de saint Denis et de Rustique et Éleuthère, ses deux compagnons, la veille de leur martyre. Aux piédroits se déroule un calendrier avec les travaux des mois placés dans des médaillons entourés de rinceaux sortant de la gueule d'un lion.

Le *portail nord* présente les signes du zodiaque aux piédroits. Quant au tympan consacré au martyre des trois saints, il date du début du XIXᵉ siècle et est l'œuvre du sculpteur Félix Brun. Suger raconte qu'à cet endroit il a placé, non pas une scène sculptée, mais, contrairement à l'usage, une mosaïque, détruite au XVIIIᵉ siècle.

Le chevet. Alors que les tours de la façade ne sont pas encore terminées, Suger entreprend la reconstruction du chevet de l'abbatiale en un temps record. Le roi et une assemblée choisie d'évêques et d'abbés en posent la première pierre le 14 juillet 1140 ; moins de quatre ans après, il est achevé et l'on peut procéder à sa dédicace le 11 juin 1144. Ce chevet compte parmi les premières grandes réalisations du monde gothique. L'architecte est allé extrêmement loin dans la tentative de fusion des espaces en concevant un double déambulatoire simplement divisé par une file de minces colonnes taillées dans un seul bloc, laissant ainsi passer la lumière. Le déambulatoire extérieur ouvre sur une série de neuf chapelles contiguës qui communiquent largement entre elles. Afin de confondre leurs volumes, les chapelles et ce déambulatoire partagent un même voûtement à cinq branches d'ogives♦. Les chapelles sont, en outre, éclairées par d'immenses verrières, perforant la plus grande partie de la paroi. Pour alléger encore la structure, l'architecte a masqué la maçonnerie entre les chapelles par des faisceaux de fines colonnettes en délit♦. L'édification d'une robuste crypte, non pas voûtée d'ogives comme la partie haute, mais d'arêtes, permet à l'architecte de concevoir, au-dessus, ce chevet dont les murs semblent avoir totalement disparu. Il n'est cependant plus possible de se faire une idée complète de l'aspect primitif du chevet, puisque seuls subsistent le double déambulatoire et les chapelles rayonnantes, l'abside ayant été reconstruite à partir de 1231 selon une conception radicalement différente. Les baies sont pourvues de vitraux qui laissent filtrer une lumière abondante, ininterrompue et colorée – lumière mystique venant inonder l'abbatiale afin d'en

dématérialiser la structure. Des nombreuses verrières de l'abbatiale réalisées à la demande de Suger pour le chevet et formant un programme extrêmement subtil, il ne reste plus aujourd'hui qu'une quinzaine de panneaux anciens remontés au XIXᵉ siècle par Viollet-le-Duc dans des compositions en partie modernes : l'*Enfance du Christ*, où Suger s'est fait représenter prosterné aux pieds de la Vierge, et l'*Arbre de Jessé* dans la chapelle d'axe ; les *Allégories de saint Paul* et la *Vie de Moïse* dans la quatrième chapelle rayonnante nord ; la *Vision d'Ézéchiel sur le signe tau*, provenant d'un ensemble consacré à la passion du Christ, dans la quatrième chapelle rayonnante sud, baie de gauche, troisième registre.

Un vitrail représentant des griffons, symbole paradisiaque, figure dans la deuxième chapelle rayonnante nord, baie de droite. Suger mentionne également des verrières consacrées au pèlerinage de Charlemagne et à la croisade, mais elles semblent avoir entièrement disparu. Sur le sol se déployait un tapis de mosaïque dont il ne subsiste plus désormais que de rares éléments dans la première chapelle rayonnante nord.

Le parti tout à fait hardi d'un chevet qui semble flotter telle une cage de verre entre ciel et terre ne compte

De haut en bas
Arbre de Jessé, verrière de la chapelle d'axe du chevet.

Allégories de saint Paul, vitrail de la quatrième chapelle rayonnante nord du chevet.

Suger aux pieds de la Vierge, détail d'un vitrail du chevet, consacré à l'enfance du Christ.

Une des six statues des ébrasements de la Porte des Valois.

Porte des Valois, exécutée au XIIe siècle et remontée à l'extrémité du bras nord du transept au XIIIe siècle.

cependant guère de descendance directe : il a été dicté par des conditions exceptionnelles qui ne se prêtaient pas à l'imitation. Il reflète avant tout la spiritualité personnelle de Suger imprégnée de la doctrine néoplatonicienne du Pseudo-Denys, alors confondu avec le saint fondateur de l'abbaye. Cette doctrine se fonde sur la contemplation et la transcendance de la lumière. L'éclat provoqué par le scintillement des vitraux, des pierres précieuses et des objets d'orfèvrerie conduit, selon Suger, du monde inférieur à un monde supérieur.

La Porte des Valois. C'est probablement dans les dernières années de son activité de bâtisseur que Suger commande le portail dit « Porte des Valois », remonté au XIIIe siècle à l'extrémité du bras nord du transept.

Louis VI le Gros prend l'oriflamme de Saint-Denis des mains de l'abbé Suger, par Pierre Jules Jollivet, huile sur toile, première moitié du XIXᵉ siècle (musée national des châteaux de Versailles et de Trianon).

Il représente l'un des principaux chefs-d'œuvre de la sculpture du milieu du XIIᵉ siècle et constitue, par rapport à la façade occidentale, un jalon supplémentaire dans l'évolution de la sculpture gothique : sa mise en œuvre est plus moderne ; les personnages, beaucoup moins figés, paraissent avoir acquis davantage d'autonomie. Les six statues placées dans les ébrasements ainsi que les trente figures des voussures évoquent des rois, probablement ceux de l'Ancien Testament, et le linteau avec son tympan le martyre des saints Denis, Éleuthère et Rustique. Il semble que ce portail ait été réalisé pour le transept prévu par Suger, mais la mort surprend l'abbé en 1151, avant qu'il n'ait eu le temps d'achever son vaste projet.

Grâce à l'abbé Suger, Saint-Denis devient véritablement le sanctuaire de la monarchie française, concurrençant Reims, la cathédrale du sacre. À partir de 1124 et jusqu'au début du XVᵉ siècle, les rois partent au combat en arborant l'oriflamme de l'abbaye afin de se mettre sous la protection de saint Denis, devenu, comme on disait alors, le patron spécial du royaume. Outre l'oriflamme, le monastère garde les *regalia* – couronnes, sceptres et autres objets indispensables au sacre.

Sceptre de Charles V, en or orné de pierreries, rubis, argent, avec statue de Charlemagne, servant au sacre des rois. Ancien trésor de Saint-Denis, seconde moitié du XIVᵉ siècle (Paris, musée du Louvre).

Les campagnes de construction du XIIIᵉ siècle

En accord avec le jeune Louis IX et sa mère, la reine Blanche de Castille, alors régente du royaume, l'abbé Hugues Clément décide de lancer une nouvelle campagne de travaux, l'église devant rivaliser avec les plus prestigieuses cathédrales gothiques de la France du Nord. Le chantier débute en 1231 par la reconstruction de la partie centrale du chevet pour qu'elle s'harmonise avec la nouvelle nef projetée qui devait se substituer au vieux

Portail du bras sud du transept donnant accès au cloître.

♦Gisant : statue funéraire représentant un personnage étendu, le plus souvent les mains jointes.

♦Rose : grand vitrail circulaire.

Page de droite **Vue du chœur** de l'abbatiale.

Rose du bras sud du transept.

vaisseau carolingien toujours en place. En outre, probablement pour répondre au désir du roi, l'édifice est pourvu d'un vaste transept doté d'une croisée dont la largeur, inhabituelle, permet d'aménager la série de seize gisants♦ royaux commandée par Saint Louis. Dans les premières années, les travaux sont très rapidement menés, engloutissant d'énormes sommes : en l'espace de dix ans, ils ont déjà coûté 30 000 livres. En 1245, date du départ d'Hugues Clément, élu archevêque de Rouen, le sanctuaire, le transept ainsi que les trois dernières travées de la nef sont pratiquement achevés ; il ne reste plus qu'à lancer les voûtes, chose faite au temps de Guillaume de Massouris, abbé de Saint-Denis de 1245 à 1254. Ensuite, notamment en raison d'une grave crise économique, la construction est interrompue jusqu'en 1270. Les premières travées de la nef ne sont terminées qu'en 1281, sous l'abbatiat de Mathieu de Vendôme.

Si l'on ignore le nom de l'architecte qui a conçu le projet de reconstruction, un texte de 1247 mentionne la présence de Pierre de Montreuil sur le chantier, sans que l'on puisse véritablement déterminer son rôle exact et la date de sa prise de fonction à Saint-Denis. Auteur de la rose♦ sud du transept de Notre-Dame de Paris, il est l'un des plus célèbres architectes du Moyen Âge – jusqu'à recevoir sur sa pierre tombale le titre de docteur des maçons, véritable diplôme universitaire décerné par ses contemporains.

La reconstruction du vaisseau central du chevet constitue assurément l'opération la plus périlleuse du chantier. Il faut étayer le double déambulatoire du XIIᵉ siècle, afin de le sauvegarder, et soutenir la nouvelle œuvre au moyen de quatre fortes piles cylindriques implantées dans la crypte et qui en percent la voûte. De plus, il est nécessaire d'harmoniser le sanctuaire, assez étroit car conditionné par le déambulatoire du XIIᵉ siècle, avec le vaisseau central de la nouvelle nef, beaucoup plus large. Aussi, les murs de la première travée du sanctuaire sont implantés de biais afin d'élargir la travée du côté de la croisée.

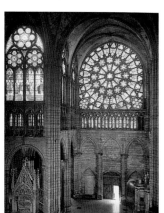

**Voûtes de
la croisée**
du transept.

◆Triforium :
*étroite galerie
de circulation prise
dans l'épaisseur
du mur.*

◆Contrebutement :
*contrefort, ou
pilier, qui oppose
à une poussée une
poussée de sens
contraire pour
la neutraliser.*

Si la nouvelle réalisation conserve une élévation à trois niveaux, traditionnelle depuis la fin du XIIᵉ siècle, comme à la cathédrale de Chartres, elle constitue cependant une œuvre tout à fait révolutionnaire. En effet, chacun des niveaux – grandes arcades, triforium◆ et fenêtres hautes – fait l'objet d'importantes transformations structurelles et formelles. Les piles sont composées d'un faisceau de colonnettes conduisant les retombées des arcs et des voûtes jusqu'au sol. Par cet artifice soulignant la continuité visuelle entre la voûte et le support, l'armature du monument est mise en avant au détriment de la surface murale. Celle-ci, désormais reléguée au second plan, ne joue plus qu'un faible rôle porteur, l'équilibre de la voûte et le contrebutement◆ des ogives étant assurés par des arcs-boutants extérieurs. Grâce à ce système,

Triforium et fenêtres hautes du vaisseau central de la nef.

la paroi a totalement disparu aux deux étages supérieurs pour faire place à d'immenses surfaces vitrées. Au-dessus des grandes arcades, le triforium n'est plus aveugle, comme dans les édifices précédents, mais ajouré. En outre, il s'ouvre sur la nef par un gracile réseau d'arcatures relié aux meneaux♦ des fenêtres hautes. L'architecte confond en quelque sorte ces deux niveaux bien que la vitrerie reste sur les deux registres. Quant aux fenêtres hautes, avec leurs quatre lancettes♦ surmontées de trois roses, elles atteignent des proportions et une finesse jusque-là inédites, réduisant la partie supérieure du mur à une simple membrane de verre et à une dentelle de pierre. Cette transparence donne l'illusion que les limites de l'édifice échappent à l'œil, suggérant ainsi l'espace sacré. Enfin, les bras du transept sont pourvus d'immenses roses divisées en de multiples lancettes trilobées, trèfles et polylobes inscrits dans des cercles ; ce vocabulaire est caractéristique de l'architecture parisienne de cette époque, et les architectes de toute l'Europe continueront à l'utiliser, parfois jusqu'au début du XVe siècle.

Saint-Denis inaugure au XIIIe siècle une nouvelle phase architecturale – qualifiée de gothique rayonnant en raison de la structure des roses du transept – qui connaît en Île-de-France son plus parfait épanouissement. Ce nouveau style est aussitôt adopté par l'Europe entière, sous le nom, parfois, d'*opus francigenum*, l'« œuvre de France ».

♦**Meneau** : élément vertical divisant une fenêtre.

♦**Lancette** : arc brisé aigu, en forme de fer de lance.

De la guerre de Cent Ans à la fin de l'Ancien Régime

Après la construction du nouveau vaisseau, à partir de l'extrême fin du XIIIᵉ siècle et au début du siècle suivant, de nouvelles chapelles sont édifiées entre les contreforts, le long du collatéral nord de la nef. Puis, une fois tu, le cliquetis des outils fait place à des rumeurs plus perturbantes encore pour la tranquillité des religieux : le tumulte de la Cour et le grondement des armes.

Vue de l'intérieur de l'abbatiale montrant le jubé gothique détruit au XVIIIᵉ siècle, par le père Martellange, mine de plomb, 1641 (Paris, Médiathèque de l'architecture et du patrimoine).

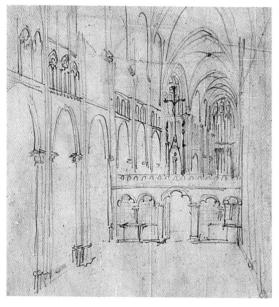

À la fin du Moyen Âge

En vue de rallier la chevalerie à la cause royale et d'exalter le sentiment national, les conseillers de Charles VI organisent en mai 1389 de grandes céré-monies à Saint-Denis. De façon symbolique, tous les acteurs de la fête sont parés aux couleurs du roi, faisant ainsi preuve d'allégeance. Les cérémonies commencent le 1ᵉʳ mai par l'adoubement (l'entrée en chevalerie), dans l'église, des deux jeunes fils de Louis d'Anjou, roi de Sicile et de Naples. Un banquet puis un bal clôturent la journée. Ensuite, durant trois jours, les guerriers les plus valeureux s'affrontent lors de tour-nois. Enfin, le 6 mai, les moines célèbrent une messe anniversaire en hommage à Bertrand Du Guesclin, afin d'honorer la mémoire du héros national royalement inhumé dans la basilique en 1380.

Peu de temps après, brusquement, les liens qui unissaient si étroitement le royaume et l'abbaye vont se distendre. Lors de la reprise des combats avec l'Angleterre, l'oriflamme de Saint-Denis s'étant montrée inefficace, elle n'est plus levée après 1418. Cette année-là, les Parisiens et saint Denis, patron de la capitale et protecteur tutélaire du royaume, ont ouvert les portes de la ville aux troupes bourguignonnes alliées à l'ennemi. En outre, lorsque Charles VII est sacré en 1429, l'abbaye et les *regalia* sont la possession des Anglais.

À l'époque moderne

L'église est pillée à plusieurs reprises aux XVe et XVIe siècles, durant la guerre de Cent Ans (1337-1453) et les guerres de Religion (1562-1598). Mais ce sont surtout les éléments mobiliers – autels et tombeaux – qui sont les victimes des actes de vandalisme. Puis, à partir de 1610, année du couronnement dans l'église de Marie de Médicis, la multiplication des cérémonies entraîne d'autres déprédations et modifications à l'intérieur de l'édifice. En 1771, notamment, on dépose les grandes côtes de baleine ornant la nef centrale et, fait plus grave, on retire de la façade occidentale les statues-colonnes de l'époque de l'abbé Suger.

À la fin du XVIIe siècle, le grand prieur, dom Arnoult de Loo, décide de reconstruire les bâtiments monastiques dont la plupart menacent ruine. Les plans sont dessinés par l'architecte Robert de Cotte ; les travaux débutent en 1700 mais ne s'achèvent qu'au milieu du XVIIIe siècle. Les bâtiments abritent aujourd'hui, depuis son installation par Napoléon le 25 mars 1809, la Maison d'éducation des jeunes filles de la Légion d'honneur.

Bâtiments monastiques reconstruits sur les plans de Robert de Cotte, aujourd'hui Maison d'éducation de la Légion d'honneur.

De la Révolution à nos jours

Le vendredi 14 septembre 1792, les moines de Saint-Denis célèbrent leur dernier office dans l'abbatiale, la communauté étant dissoute. En 1794, la commission des Armes et Poudres fait déposer la toiture, constituée de feuilles de plomb, afin d'en récupérer les matériaux ; durant plusieurs années, les voûtes de l'édifice restent exposées aux intempéries. L'église sert ensuite d'entrepôt de blé et de farine ; on pense même y établir une halle : il suffirait, dit-on, de détruire la nef centrale, de la remplacer par une toiture quelconque et de garder les deux bas-côtés pour en faire un marché couvert. Les années de tourmente passées, l'église est réaffectée au culte.

En 1805, alors au faîte de sa gloire et de sa puissance, Napoléon Ier décide d'installer à Saint-Denis le tombeau de sa dynastie et d'ériger trois chapelles à la mémoire des familles royales précédentes, espérant ainsi inscrire son règne dans la continuité historique. Il y établit un chapitre d'évêques devant être placé sous l'autorité de son oncle, le cardinal Fesch, grand aumônier de France. C'est pour ce chapitre que l'on dispose dans le chœur les très belles stalles en bois sculpté et marqueté du XVIe siècle provenant de la chapelle haute du château de Gaillon (Eure). Par décret du 20 février 1806, Napoléon désigne la

**Stalles
du chœur ;**
bois sculpté
et marqueté,
XVIᵉ siècle.

basilique comme lieu de sépulture des futurs empereurs et ordonne la restauration de l'édifice pour qu'il
devienne le mausolée du nouveau Charlemagne.

Si les travaux engloutissent des
sommes colossales, ils ne font
guère l'unanimité. En 1813, on
nomme nouveau maître d'œuvre
l'architecte François Debret.
Celui-ci est notamment l'auteur
des vitraux de la nef et du buffet
d'orgues néogothiques, derniers
témoins actuellement conservés
de son activité. Les vitraux des
fenêtres hautes représentent la suc-
cession des rois et reines de France.
Ceux du bras nord du transept
figurent la restauration de l'édifice et la visite du roi Louis-
Philippe en juillet 1837.

**Vitraux de
la nef,** montrant
les rois et reines
de France,
dessinés par
François Debret.

Sacristie
dessinée par
l'architecte
Cellerier
dans le goût
néoclassique,
1812 ; une suite
de tableaux y
relatent l'histoire
de la basilique.

Le roi Louis-Philippe visite le chantier de restauration
de la basilique en juillet 1837. Ce vitrail, situé dans le bras nord
du transept, a été réalisé par la manufacture de Choisy,
d'après un modèle fourni par le peintre Jean-Baptiste Debret,

frère de l'architecte François Debret, nommé en 1813
maître d'œuvre des travaux exécutés dans la basilique.
Il constitue un jalon dans la redécouverte de l'art du vitrail.

| *Page de droite*
Projet de réaménagement des tombeaux à la croisée du transept, par Eugène Viollet-le-Duc, gouache ; l'architecte s'y est représenté en train de converser avec l'archiprêtre de Saint-Denis (Paris, Centre de recherches sur les monuments historiques, CRMH).

Debret subit un échec majeur en raison de sa méconnaissance, largement répandue de son temps, des problèmes techniques propres à l'architecture médiévale. Le 9 juin 1837, la foudre tombe sur la flèche nord de la façade ; l'architecte s'emploie immédiatement à en ériger une nouvelle, mais celle-ci s'effondre sous son propre poids à la fin de l'année 1845 ! Aussi, bien qu'il soit demeuré trente ans au service du monument, il doit quitter son poste, chassé par les critiques acerbes de la génération montante des chantres du néogothique, notamment Prosper Mérimée (principal animateur de la cabale anti-Debret) et Eugène Emmanuel Viollet-le-Duc. Ce dernier prend alors la tête du chantier et n'a de cesse qu'il n'ait fait disparaître les restaurations et les aménagements de Debret pour les remplacer par ses propres créations. Le monument lui tient particulièrement à cœur – il s'efforce de transformer l'église en un véritable musée de la sculpture – et il conservera la direction des travaux de Saint-Denis jusqu'à son décès en 1879.

Les Travaux de l'abbatiale en 1833, par Adrien Dauzats, huile sur toile (Sceaux, musée de l'Île-de-France).

Après la suppression du chapitre mis en place par Napoléon, l'église régresse au statut de simple paroisse en 1895. Elle ne deviendra cathédrale qu'en 1966, lors de la création du département et du diocèse de la Seine-Saint-Denis. La première campagne de fouilles archéologiques débute en 1938, sous la direction de l'Américain Summer Mck. Crosby ; d'autres suivent jusqu'en 1977, révélant des structures appartenant à des édifices antérieurs et une importante série de sépultures de l'époque mérovingienne. De 1973 à 1989, les investigations archéologiques ont largement dépassé le cadre de la basilique pour s'étendre au quartier de l'ancienne abbaye. Ainsi, durant dix-sept ans, les fouilleurs ont investi une zone de 13 hectares située au nord de la basilique, mettant au jour 15 000 sépultures et plusieurs milliers d'objets, restituant aux Dionysiens le passé de leur ville.

Façade occidentale avant effondrement de la flèche en 1845, photographie par G. Cailleux, vers 1840 (Saint-Denis, musée d'Art et d'Histoire).

La nécropole royale

Si la basilique ne s'impose définitivement comme cimetière des rois qu'à partir du règne d'Hugues Capet (987-996), plusieurs souverains des dynasties mérovingienne et carolingienne ont déjà élu Saint-Denis pour dernière demeure. Dès le règne de Clovis Ier (481-511), de hauts personnages de l'aristocratie

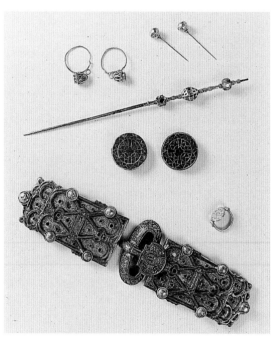

Ensemble de la parure de la reine Arégonde, bijoux en or, grenats cloisonnés, verre bleu, filigranes, argent, nielles, Gaule mérovingienne, VIe siècle (Paris, musée du Louvre).

franque, désireux de reposer à proximité du premier évêque de Paris, s'y font inhumer, avant que le monastère ne devienne au VIIe siècle l'une des principales nécropoles des Mérovingiens, dans laquelle furent déposés les corps de Dagobert Ier († 639) et de son fils, Clovis II († 657). Citons, parmi les autres nécropoles royales de cette époque, les abbayes Sainte-Geneviève et de Saint-Germain-des-Prés à Paris, Notre-Dame de Chelles et Saint-Médard de Soissons. Les fouilles archéologiques ont d'ailleurs mis au jour quelques-unes de ces tombes princières, notamment celle de la reine Arégonde, seconde épouse de Clotaire Ier († 561), dont la dépouille était encore parée de ses riches vêtements de soie rouge et violette et de ses bijoux d'or et de grenats, aujourd'hui conservés au musée du Louvre.

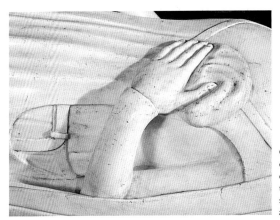

Gisant de Jeanne de Bourbon tenant contre son cœur son sac à entrailles.

Bien que les derniers rois mérovingiens puis les Carolingiens délaissent quelque peu la basilique, Charles Martel († 741), le maire du palais, qui voue une dévotion particulière à saint Denis, demande à reposer dans l'abbatiale. Son fils, Pépin le Bref († 768), premier souverain de la dynastie carolingienne en 751 et sacré roi par le pape dans le monastère en 754, exprime également le souhait d'y être enterré. En signe d'humilité, il se fait inhumer à l'extérieur, devant le porche occidental, la face tournée contre terre.

Il faut ensuite attendre 996, date de la mort du premier monarque capétien, Hugues Capet, pour que Saint-Denis redevienne le cimetière des rois, cette fois de façon définitive, sauf à de rares exceptions. Ainsi, pour des raisons de spiritualité personnelle, Philippe Ier († 1108) se fait enterrer à Saint-Benoît-sur-Loire, Louis VII († 1180) à l'abbaye cistercienne de Barbeau et Louis XI († 1483) à Notre-Dame de Cléry.

Gisant d'Isabeau de Bavière ; la reine avait ordonné que son corps fût inhumé dans son intégrité.

Les rites funéraires

À partir du XIIIᵉ siècle se développe l'habitude, pour les grands du royaume, de diviser le corps et de multiplier les lieux de sépulture. L'origine de cette coutume est avant tout pratique. Lorsque le souverain vient à mourir loin de Paris, le cadavre est éviscéré ou bouilli, les ossements séparés des chairs, pour éviter le transport de matières rapidement putréfiables. Ainsi, les viscères de Louis VIII, mort en 1226 sur le chemin du retour de la croisade contre les Albigeois, ont été, semble-t-il, déposés à Clermont. Les retours désastreux des croisades favorisent cet usage : on s'y conforme pour Saint Louis († 1270), dont les viscères sont portés de Tunis à la cathédrale de Monreale en Sicile ; pour Isabelle d'Aragon († 1271), dont les chairs sont inhumées à la cathédrale de Cosenza en Calabre ; et pour Philippe III le Hardi, décédé à Perpignan en 1285, dont les chairs sont déposées à la cathédrale de Narbonne.

Cette pratique se développe ensuite, cette fois de par la volonté des souverains, pour des raisons spirituelles ou politiques. Les viscères ne sont plus enterrés sur le lieu de décès du défunt mais à un endroit préalablement désigné par lui. La coutume s'étant très vite banalisée dans les couches les plus hautes de la société, Boniface VIII émet dès 1299 une bulle interdisant à tout chrétien, quelle que soit sa dignité, de traiter le corps d'une telle façon. De nombreuses dispenses sont cependant accordées par la suite. Philippe IV le Bel († 1314) fait don de son cœur à la priorale♦ Saint-Louis de Poissy. Charles V († 1380) institue par testament trois lieux de sépulture : son corps repose à Saint-Denis ; son cœur à la cathédrale de Rouen – pour lequel il commande un tombeau (aujourd'hui détruit) au sculpteur Jean de Liège, rappelant ainsi le titre de duc de Normandie porté dans sa jeunesse, mais signifiant aussi son affection pour cette riche province alors revendiquée par les Anglais ; ses entrailles à l'abbaye cistercienne de Maubuisson, là où reposait sa mère – nécessitant la réalisation d'un troisième gisant (conservé au musée du Louvre). Après le décès de François Iᵉʳ à Rambouillet (1547), on transporte son corps à Saint-Denis, alors que son cœur et ses entrailles sont inhumés dans le monastère, plus proche, des Hautes-Bruyères ; l'urne funéraire qui les renferme est déposée après la Révolution à Saint-Denis. En revanche, certains répugnent à ces pratiques, telle Isabeau de Bavière († 1435), l'épouse de Charles VI, qui demande par testament que son corps soit enseveli et mis en terre « tout entier, sans le diviser ou y faire aucune ouverture ou incision ».

♦**Priorale** : église d'un prieuré.

Urne funéraire de François Ier, par Pierre Bontemps (1556), provenant du monastère des Hautes-Bruyères et déposée à Saint-Denis après la Révolution.

Saint-Denis ne devient la nécropole des reines capétiennes qu'à une période relativement tardive ; jusqu'au milieu du XIVe siècle, très peu de souveraines y sont inhumées. La première à être enterrée à Saint-Denis est Jeanne de Bourgogne, première épouse de Philippe VI, morte le 12 septembre 1348. Par la suite, dans son testament de 1374, Charles V précise que Jeanne de Bourbon, son épouse († 1377), pourra reposer dans l'abbatiale si elle le désire. L'habitude se poursuit jusqu'au début du XVIe siècle, ainsi que celle de réaliser des tombeaux jumelés du roi et de la reine. Quant aux enfants royaux non couronnés, les fils et filles de France, ils n'avaient pas le droit en principe de reposer dans la nécropole. L'enterrement d'un

Gisants d'Henri II et de Catherine de Médicis provenant de la rotonde des Valois ; marbre et bronze.

des fils de Philippe Auguste dans le chœur en 1239 constitue l'une des rares entorses à cette habitude, réaffirmée avec vigueur par Saint Louis : celui-ci écarte du cimetière des rois les fils de France morts en bas âge en demandant qu'ils reposent à l'abbaye cistercienne de Royaumont. Les enfants mariés et dotés, quant à eux, doivent être ensevelis dans leurs territoires ou auprès de leurs époux. Les mentalités évoluent cependant au cours du XIVe siècle. À partir de 1349, alors que jusque-là les filles sont exclues de la nécropole, quelques princesses sont enterrées au sein de l'abbaye, mais dans des chapelles annexes. Puis, en 1362, Jean II le Bon autorise le dauphin, futur Charles V, à se faire inhumer, s'il venait à mourir, dans l'église de Saint-Denis. Ensuite, durant le règne de Charles V (1364-1380), les bébés royaux, filles ou garçons, ont droit aux places d'honneur du cimetière, devenu cette fois celui de tout le sang de France et non plus des seuls rois. Toutefois, à partir de 1415, date de la défaite d'Azincourt, le prestige de saint Denis, protecteur du royaume, et de son abbaye décline quelque peu et les fils de France ne s'y font plus enterrer.

Afin de célébrer leur mémoire, on accorde à certains grands serviteurs de l'État les honneurs de Saint-Denis : Charles V demande que le corps de Du Guesclin, son connétable, soit enseveli près de lui, dans la chapelle Saint-Jean-Baptiste, qui se transforme aux XIVe et XVe siècles en un véritable Panthéon : on y enterre, entre autres personnages, Bureau de la Rivière, chambellan de Charles V et de Charles VI, Louis de Sancerre, connétable de France, et Guillaume du Châtel, tué au côté de Charles VII en 1436. En 1675, Louis XIV accorde le même insigne privilège au maréchal de Turenne, dont la sépulture est le dernier des grands monuments funéraires réalisés pour l'abbaye.

La disposition des tombes

À plusieurs reprises on a tenté de retionnaliser l'ordonnance des tombes. Le cimetière des rois se trouve au centre du chœur des religieux, à proximité de l'autel de la Trinité. Au milieu du XIIIe siècle, une campagne de travaux perturbe cette ordonnance. Saint Louis en profite pour faire rechercher l'emplacement des tombes et les noms de tous les souverains inhumés dans l'abbatiale. Pour honorer les seize corps retrouvés, il fait sculpter leurs gisants. Représentés de la même façon et pourvus des insignes de la royauté, même Charles Martel qui ne porta jamais le titre de roi. Selon une disposition chronologique – mais très vite bouleversée – qui affirme la continuité dynastique entre Mérovingiens, Carolingiens et Capétiens, la tombe de Clovis II et celles des Carolingiens prennent place du côté sud et celles des Capétiens du côté nord. Cette stricte ordonnance est à son tour . Par la suite, Charles V († 1380), Charles VI († 1422) Charles VII († 1461), et leurs épouses, sont enterrés dans la chapelle Saint-Jean-Baptiste, bras sud du transept. Au XVIe siècle, Catherine de Médicis ordonne la construction du mausolée royal des Valois, une chapelle en forme de rotonde placée à l'extérieur contre le bras nord du transept. Tombé en ruine, il est détruit au début du XVIIIe siècle. François Mansart l'imite et dessine vers 1665 le plan d'une chapelle circulaire, devant prolonger le chevet à l'est, afin de servir de mausolée aux Bourbons ; le projet ne voit jamais le jour. Aussi, jusqu'à la Révolution, les cercueils de plomb contenant les dépouilles de Louis XIV († 1715) et de Louis XV († 1774) sont-ils simplement déposés sur des tréteaux dans une chapelle de la crypte.

La rotonde des Valois[1], détail de la *Vue perspective de la ville de Saint-Denis*, par Merian, eau-forte, 1655 (Saint-Denis, musée d'Art et d'Histoire).

Les funérailles royales

Gisant de Louis de France, fils de Saint Louis, un des premiers exemples de cortège funèbre sculpté le long des parois du soubassement ; marbre blanc.

Jusqu'à la fin du XIIᵉ siècle, les sépultures et les cérémonies funèbres des premiers Capétiens restent relativement simples. En 1223, Philippe Auguste bénéficie le premier de splendides funérailles. Une fois embaumée, recouverte d'un drap d'or et pourvue des insignes de la royauté, la dépouille est accompagnée jusqu'à sa dernière demeure par un cortège de prélats et de barons. Lors des obsèques de Charles VI,

en 1422, on expose au cours de la procession funèbre un mannequin à l'effigie du roi, réalisé d'après un masque en cuir bouilli pris aussitôt après le décès du souverain. Cette pratique perdure jusqu'aux funérailles d'Henri IV en 1610.

Les statues funéraires de Childebert Iᵉʳ et de Frédégonde, exécutées pour l'abbatiale de Saint-Germain-des-Prés au milieu du XIIᵉ siècle, doivent être considérées comme des effigies commémoratives plutôt que comme de véritables monuments funéraires. L'habitude de sculpter en fort relief l'image du souverain défunt ne remonte pas au-delà des premières décennies du XIIIᵉ siècle. Le gisant est d'abord réalisé dans une simple pierre rehaussée de peinture. Puis, à partir de la statue funéraire d'Isabelle d'Aragon, sculptée peu après son décès en 1271, et durant les deux siècles suivants, le gisant est, le plus fréquemment, taillé dans du marbre blanc et posé sur une dalle de marbre noir. En outre, une série de personnages peut être disposée sur le soubassement, afin de

Cérémonie funèbre de Marie-Thérèse d'Espagne, épouse du dauphin Louis, fils de Louis XV, le 5 septembre 1746, par Charles Nicolas Cochin, dit le Jeune, d'après les frères Slodtz, gravure (Paris, Bibliothèque nationale de France).

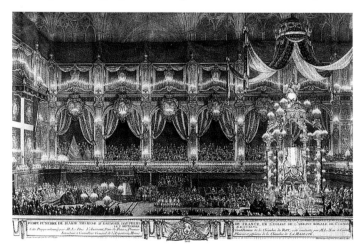

La Tempérance, allégorie ornant le tombeau d'Henri II et de Catherine de Médicis, par Germain Pilon ; bronze.

représenter le cortège des deuillants, la parentèle du défunt. Cette iconographie qui perdure jusqu'à la fin du Moyen Âge apparaît l'une des premières fois sur le soubassement du tombeau de Philippe Dagobert de France, réalisé pour l'abbaye de Royaumont vers 1235 à la demande de son frère Saint Louis. Le coffre (aujourd'hui détruit) du tombeau de Charles VI et d'Isabeau de Bavière déroulait un long cortège où figuraient, entre autres, les hauts personnages du royaume. Véritables chefs-d'œuvre d'architecture, les tombeaux royaux de la Renaissance, comme celui de Louis XII et d'Anne de Bretagne, sont traités avec une ampleur encore jamais atteinte. En revanche, si les Bourbons célèbrent leurs funérailles dans des pompes fastueuses, ils se préoccupent peu de leurs monuments funéraires, se contentant d'humbles sépultures.

Louis XVI et Marie-Antoinette, par Edme Gaulle et Pierre Petitot ; marbre.

Depuis la Révolution

En 1793, la Convention ordonne le viol des sépultures et la destruction des tombeaux royaux. Une commission est toutefois chargée de sélectionner les monuments funéraires devant être conservés et transportés au dépôt provisoire des Petits-Augustins, futur musée des Monuments français.

Au XIXe siècle, à la suite des bouleversements de la Révolution, l'édifice devient, davantage encore que par le passé, le monument symbole de la nation et de l'histoire de France, le cercueil des souverains espérant y trouver la légitimité de leur pouvoir et la pérennité d'une Couronne de plus en plus fragile. Napoléon Ier choisit la basilique pour lieu de sépulture des empereurs afin d'inscrire son règne dans la continuité historique. Sous la Restauration, les cendres de Louis XVI sont transférées en grande cérémonie du cimetière de la Madeleine (où reposait le corps après son exécution en 1793) à Saint-Denis pour tenter d'effacer le souvenir de ces années troublées.

Violation des caveaux royaux *à Saint-Denis en octobre 1793,* par Hubert Robert, huile sur toile (Paris, musée Carnavalet).

Également à cette époque, en 1816 et en 1817, les sculpteurs Pierre Petitot et Edme Gaulle réalisent respectivement les orants♦ de Marie-Antoinette († 1793) et de Louis XVI. Cependant, après celui-ci, Louis XVIII († 1824) est le dernier souverain à reposer à Saint-Denis. Charles X († 1836) est inhumé sur les lieux de son exil, à Gorizia, et Louis-Philippe († 1850) repose dans la chapelle des Orléans à Dreux. Quant à Napoléon III († 1873), il demanda bien à Viollet-le-Duc d'aménager dans l'antique nécropole des rois son caveau impérial, mais l'histoire en décida tout autrement.

En 1952, la nécropole royale fait l'objet d'une dernière transformation avec les travaux entrepris par l'architecte Jules Formigé dans la partie centrale de la crypte. Détruisant le caveau des Bourbons, que Viollet-le-Duc avait construit à cet emplacement, il y fait déposer sous de lourdes dalles de marbre noir les restes de Louis VII, rapportés de l'abbaye de Barbeau, de Louise de Lorraine, épouse d'Henri III, de Louis XVI et de Marie-Antoinette et, enfin, de Louis XVIII.

Le transfert des ossements des rois dans un caveau à Saint-Denis le 18 janvier 1817, par François Joseph Heim, huile sur toile (Sceaux, musée de l'Île-de-France).

♦*Orant* : statue funéraire représentant un personnage en prière, à genoux et les mains jointes.

Visite

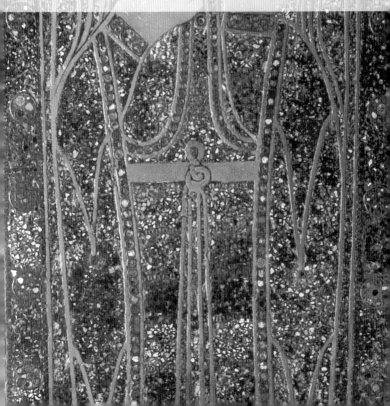

Les tombeaux royaux

Louis XVIII signe l'ordre de retour des tombes qui regagnent peu à peu Saint-Denis. Mais, afin de pouvoir présenter une série complète de tombeaux royaux, François Debret, l'architecte chargé de restaurer la basilique à partir de 1813, réalise des monuments factices pour les Bourbons en remployant des fragments épars venus d'anciens édifices vandalisés après 1789. Les effigies royales ne sont pas les seules à prendre place dans le monument, puisqu'on y porte d'autres gisants provenant de différentes églises détruites ou désaffectées durant la Révolution. Depuis, la basilique abrite le plus grand et le plus prestigieux musée de sculptures funéraires, conservant parmi ses collections les principaux chefs-d'œuvre du Moyen Âge et de la Renaissance.

Page de gauche
Frédégonde ;
calcaire incrusté
d'une mosaïque
de pierre de
couleur et de
lamelle de cuivre.

Childebert Ier ;
pierre calcaire.

Childebert Ier († 558)[2] et **Frédégonde** († 597)[3]. Ces deux effigies funéraires représentent le roi franc, fils de Clovis Ier, et la troisième épouse de Chilpéric Ier sont réalisées vers 1150 pour Saint-Germain-des-Prés afin de célébrer la mémoire des souverains mérovingiens qui avaient élu cette abbaye pour lieu de sépulture. Par la qualité de son exécution, la figure de Childebert, qui semble reposer au fond d'un sarcophage, compte parmi les œuvres les plus importantes de la production parisienne du milieu du XIIe siècle.

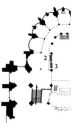

Clovis Ier († 511)[1].
Conquérant de la Gaule
et rallié au christianisme
par son baptême reçu de
saint Remi à Reims, Clovis
fait élever à Paris, sur l'actuelle
montagne Sainte-Geneviève,
une basilique en l'honneur
de sainte Geneviève,
patronne de Paris,
où il se fait enterrer.
Afin d'honorer leur
prestigieux fondateur,
considéré comme un saint,
les moines de Sainte-Geneviève
font sculpter son gisant
en pierre calcaire (1200-1230)
qui le montre dans l'habit
royal alors en vigueur
au XIIIe siècle.

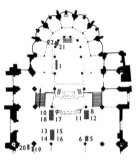

**La commande de
Saint Louis.** De son vivant,
Saint Louis († 1270) fait
réaliser un grand nombre
de monuments funéraires.
Pour l'abbaye cistercienne
de Royaumont, devenue la
nécropole des fils de France
selon sa volonté, il commande
le tombeau de son frère cadet
Philippe Dagobert († 1235)[19],
ainsi que ceux de ses enfants
Louis († 1260)[20], **Blanche**
(† 1243)[21] et **Jean** († 1248)[22].
Les gisants de Philippe
Dagobert et de Louis
sont parmi les premiers
à présenter le long des parois
du soubassement le cortège
funèbre de clercs et de laïcs
vêtus de longs manteaux
de deuil.

Louis VI le Gros ;
pierre calcaire.

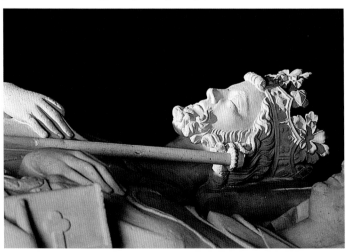

Saint Louis ordonne également de rechercher les tombes et les noms de tous les rois inhumés à Saint-Denis. Il fait aussi sculpter des gisants pour honorer les seize corps retrouvés, ceux de **Clovis II**[5], **Charles Martel**[6], **Pépin le Bref**[7], **Berthe au grand pied**[8], épouse de Pépin le Bref, **Carloman**[9], roi de Bourgogne et d'Austrasie, **Hermentrude**[10], épouse de Charles le Chauve, **Louis III**[11], **Carloman**[12], fils de Louis II, Eudes et Hugues Capet (disparus au cours de la Révolution), **Robert le Pieux**[13],

Constance d'Arles[14], épouse de Robert le Pieux, **Henri I**er[15], **Louis VI le Gros**[16], **Philippe**[17], fils de Louis VI et associé à son gouvernement, **Constance de Castille**[18], épouse de Louis VII. Tous ces monarques sont représentés de la même façon, quelque peu répétitive, afin de mettre en avant l'idée de continuité historique entre les trois dynasties royales mérovingienne, carolingienne et capétienne. Pour compléter cet ensemble, le roi fait aussi élever, vers 1250, le monument

Blanche et Jean, enfants de Saint Louis ; âme de bois recouverte d'une feuille de cuivre émaillée.

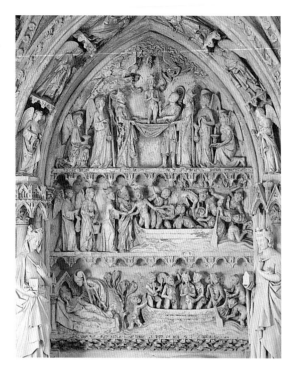

funéraire de **Dagobert Ier**[4], particulièrement vénéré à Saint-Denis puisque les moines le considéraient comme le premier roi à avoir manifesté le désir d'être inhumé dans l'abbaye. Il passait même, à tort, pour être le fondateur du monastère. Le tombeau représente le roi couché sur le côté avec, de part et d'autre, son épouse Mathilde et son fils Clovis II. Quant à la scène sculptée de la niche, elle illustre la légende de l'ermite Jean qui vit en songe l'âme de Dagobert délivrée des griffes de démons par les saints Denis, Martin et Maurice.

Philippe III le Hardi († 1285)[25]. Ce tombeau en marbre blanc idéalisant les traits du souverain est l'œuvre pour l'essentiel du sculpteur Jean d'Arras, qui le réalise peu de temps après la mort du roi. Il prend place dans l'abbaye en 1307.

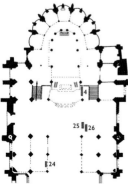

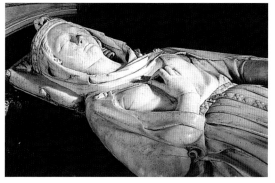

Isabelle d'Aragon; marbre blanc sur marbre noir.

Isabelle d'Aragon († 1271)[26]. Épouse de Philippe III le Hardi, elle décède en Calabre à la suite d'une chute de cheval, sur le chemin de retour de la croisade. Rapatriés en France, ses ossements sont inhumés à Saint-Denis, sous un gisant taillé dans un mince bloc de marbre blanc reposant sur une dalle de marbre noir, formule abondamment reprise aux XIVe et XVe siècles. L'équilibre entre la délicatesse des attitudes, la fraîcheur du visage et la simplicité du drapé en fait l'un des principaux chefs-d'œuvre de la fin du XIIIe siècle.

Gisant de marbre noir[24]. L'identité de cet élégant gisant féminin de la fin du XIIIe siècle en marbre noir de Tournai, provenant de l'abbaye cistercienne de Maubuisson, est demeurée longtemps un mystère. Mais, à l'analyse de son costume et de ses attributs, il semble qu'il s'agisse de Marie de Brienne († vers 1280), dernière impératrice latine de Constantinople. Elle porte des gants et un anneau, conformément aux rites du sacre, et sa couronne est de type grec.

Marie de Brienne (?); marbre noir de Tournai.

Jean Ier le Posthume et sa mère Clémence de Hongrie ; marbre.

Jean Ier le Posthume († 1316)[36]. Fils posthume de Louis X le Hutin, qui meurt le 5 juin 1316, Jean naît le 15 novembre 1316 et décède cinq jours plus tard. Pour cet enfant de roi, on fait sculpter un magnifique et pathétique petit gisant de marbre. Il est vêtu comme un fils de France et non de l'habit royal, puisqu'il n'eut pas le temps d'être sacré.

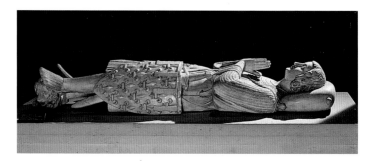

Robert d'Artois († 1317)[27]. Le gisant du jeune chevalier – idéalisé dans la mort et à

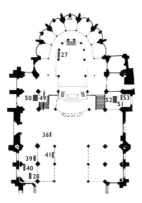

la tenue militaire rendue avec une étonnante précision – est commandé par sa mère, la comtesse Mahaut d'Artois, au sculpteur Jean Pépin de Huy, pour l'église du couvent des Cordeliers à Paris. Il s'agit ici, pour la capitale, du plus ancien gisant connu figuré en armure. Il semble qu'il ait inspiré d'autres sculptures funéraires de ce type, lesquelles, toutefois, n'atteignent jamais le même degré de qualité et d'idéalisation. On peut citer, provenant de l'église des Jacobins, les gisants de **Louis de France** († 1319)[28], comte d'Évreux, fils de

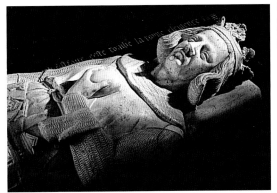

Philippe III le Hardi,
Charles Ier d'Anjou († 1285)[39],
frère de Saint Louis,
Charles de Valois († 1325)[40],
fils de Philippe III, dont le corps
est inhumé entre les tombes
de ses deux premières
épouses et, provenant
de l'église des Cordeliers,
le gisant de **Charles
d'Étampes** († 1336)[41],
petit-fils de Philippe III.

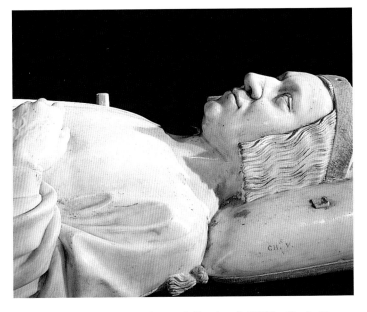

Charles V († 1380)[51].
L'année même de son sacre,
en 1364, le roi commande
pour Saint-Denis
son gisant, ainsi que
ceux de son grand-père,
Philippe VI († 1350)[49],
et de son père,
Jean II le Bon († 1364)[50].
L'exécution en est confiée
à une équipe de sculpteurs
dirigée par André Beauneveu.
La statue de Charles V
est la première figure
funéraire d'un roi de France
réalisée de son vivant.
Après le décès de la reine,

Jeanne de Bourbon († 1377)[52],
on ajoute son gisant à côté
de celui de son époux.
Détruite durant la Révolution,
cette figure est remplacée
par le gisant d'entrailles de
la reine provenant de l'église
des Célestins à Paris.
Selon les vœux de Charles V,
on inhume à son côté
le connétable **Bertrand
Du Guesclin** († 1380)[53].
Le tombeau, œuvre des
sculpteurs parisiens Thomas
Privé et Robert Loisel,
dresse un portrait physique
sans complaisance.

Charles V,
premier souverain
à mettre en
scène son image
de son vivant ;
marbre blanc.

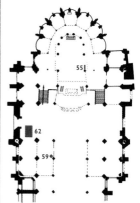

Béatrice de Bourbon
(† 1383)[59]. Fille du duc Louis Ier de Bourbon et épouse du roi de Bohême Jean de Luxembourg, elle se fait inhumer dans la nécropole des Bourbons, au couvent des Jacobins à Paris. Son tombeau comportait deux effigies, la première sous la forme d'un gisant, aujourd'hui disparu, et la seconde, en pierre calcaire, la représentant debout, coiffée de la couronne de Bohême.

Léon VI de Lusignan; marbre blanc.

Léon VI de Lusignan
(† 1393)[55]. Roi de la Petite Arménie vaincu par les Mamelouks, il se réfugie en France en 1381 et demande que sa dépouille soit enterrée au couvent des Célestins à Paris. Le sculpteur réalise un portrait particulièrement réussi et évocateur qui correspond aux témoignages de ses contemporains : un vieillard chétif aux traits usés par le destin, au corps affaibli par les épreuves, mais qui gardera toute la vivacité de son esprit.

Louis XII († 1515)[62] et
Anne de Bretagne († 1514)[62].
Véritable pièce d'architecture,
ce tombeau a été conçu avec
une ampleur encore jamais
atteinte. Les scènes de bataille
du soubassement illustrent
la victoire finale des souverains
sur la mort, grâce à leurs vertus,
représentées à chacun des
angles sous la forme de figures
allégoriques. Dans la partie
basse, les cadavres, marqués
par les convulsions et les
derniers spasmes de l'agonie,
rappellent la destinée du corps.
Au sommet, les mêmes corps,
en prière, sereins et en pleine
gloire, sont les réceptacles
d'une âme promise à l'éternité.

**Louis XII
et Anne
de Bretagne,**
monument
et gisants des
souverains ;
marbre blanc
et bronze.

**Monument
de François Ier
et de Claude
de France**;
marbre blanc
et marbre noir.

François Ier († 1547)[64], de
Claude de France († 1524)[64]
et trois de leurs enfants.
Le monument funéraire
de Louis XII et d'Anne

de Bretagne a servi de
modèle à Philibert Delorme
qui a dessiné celui-ci
à la manière d'un véritable
arc de triomphe antique.

Henri II († 1559)[67] et de **Catherine de Médicis** († 1589)[67]. Leur monument funéraire s'inspire de ceux de Louis XII et de François Ier. Le mausolée est commandé au Primatice, qui le conçoit tel un temple à l'antique. Les sculptures sont pour l'essentiel confiées à Germain Pilon. À l'intérieur, les corps paraissent endormis dans la mort ; au sommet, les deux figures agenouillées, en habit de sacre, évoquent la vie glorieuse dans l'éternité. Le roi porte la main droite sur son cœur, rappelant sa foi en la religion catholique, dans un royaume en proie aux violentes querelles religieuses.

Monument d'Henri II et de Catherine de Médicis ; marbre blanc et bronze.

Gisant d'Henri II ; marbre blanc.

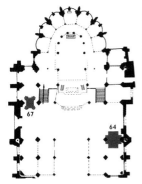

La crypte

La crypte se compose
de deux parties distinctes :
à l'ouest, la crypte
archéologique, placée sous
la croisée du transept et,
à l'est, sous le chevet,
la crypte du XIIe siècle édifiée
par l'abbé Suger. La crypte
archéologique témoigne
de la reconstruction
de l'abbatiale (consacrée
le 24 février 775) par Fulrad.
Sous l'abside de l'église,
un déambulatoire annulaire
permettait aux pèlerins et
aux fidèles de circuler autour
de la confession où les reliques
de saint Denis et de ses
deux compagnons étaient
exposées à leur vénération.
Ce dispositif reprenait
le modèle de Saint-Pierre
de Rome mis en place vers
600 par le pape Grégoire
le Grand.

Le mur extérieur du couloir
demi-circulaire a été conservé,
de même que les petites
fenêtres qui distribuaient la
lumière du jour. Des lampes
étaient placées dans les niches
ménagées entre les fenêtres.
La partie supérieure de ce mur
se termine par une forte
moulure qui supportait des
dalles couvrant primitivement
le déambulatoire.
L'abbé Hilduin ajouta à
l'extérieur une chapelle
(consacrée le 1er novembre 832)
accolée à l'arrière du mur.
Cette chapelle fut très
largement remaniée par Suger
afin de constituer le centre
de sa nouvelle crypte qui
devait servir, notamment,

Crypte édifiée
vers 832 à l'est du
chevet carolingien
et modifiée
au XIIe siècle
par l'abbé Suger.

de soubassement au chevet
qu'il allait élever entre
1140 et 1144.
Les murs de la partie centrale
de la chapelle d'Hilduin furent
décorés d'arcatures aveugles
pourvues de chapiteaux
historiés de style encore
roman. Bien qu'il n'en reste
plus que 39 sur les 62
d'origine, on peut restituer
un programme iconographique

qui s'organisait autour
de quatre cycles :
1° des scènes bibliques centrées
sur le péché et le salut ;
2° les miracles de saint Denis
après sa mort ;
3° l'histoire de saint Benoît ;
4° l'histoire du roi anglais
saint Edmond († 869) auquel
était consacrée une chapelle
de la nouvelle crypte. Autour
de ce caveau central, Suger

établit un déambulatoire ouvrant sur une série continue de chapelles rayonnantes. Sous le règne d'Henri IV, déjà, la crypte abritait dans sa partie centrale le caveau des Bourbons. À l'origine, il s'agissait de simples cercueils de plomb entourés de bois. Louis XVIII, qui souhaitait redonner à la basilique son caractère de nécropole royale, décida d'y transférer en 1815 les cendres de Louis XVI et de Marie-Antoinette, alors à la chapelle expiatoire (ancien cimetière de la Madeleine). Il ramena aussi les dépouilles de Louis VII et de Louise de Lorraine, l'épouse d'Henri III. Les six dalles en marbre noir de la crypte ont été réalisées

De gauche à doite
Chapiteaux de la crypte,
le transport des reliques de saint Edmond ; le martyre de saint Edmond ; un des miracles de saint Denis.

Crypte de Suger
et sa chapelle rayonnante.

en 1975, en souvenir de cette translation. La même année, le Mémorial de France à Saint-Denis confie à la basilique le cœur présumé de Louis XVII pour l'installer dans la chapelle des princes de la crypte où figurent d'autres cœurs royaux (ceux de Louis XIII, Louis XIV, Louis XVIII). À la suite des analyses ADN authentifiant cette relique, le Mémorial de France à Saint-Denis a voulu offrir à « l'enfant martyr » une messe solennelle et un monument funéraire. Cette cérémonie s'est tenue le 8 juin 2004 et, depuis, le vase en cristal renfermant le cœur du dauphin est présenté au public dans la chapelle des Bourbons, dans le cénotaphe qui avait été élevé au XIXe siècle à la gloire de Louis XVII.

Orientation bibliographique

Brown (Elisabeth A. R.),
Saint-Denis, la basilique,
photographies de Claude
Sauvageot, Zodiaque,
coll. « Le ciel et la pierre »,
2001.

Bruzelius (Caroline),
*The Thirteenth-Century Church
at St.-Denis,* New Haven,
Londres, Yale University
Press, 1985.

**Erlande-Brandenburg
(Alain),**
*Le roi est mort : étude sur
les funérailles et les tombeaux
des rois de France jusqu'à
la fin du XIIIe siècle,* Paris,
Genève, Droz, 1975.

Leniaud (Jean-Michel),
*Saint-Denis de 1760 à nos
jours,* Paris, Gallimard/Julliard,
coll. « Archives », 1996.

**Mck. Crosby (Summer)
et Blum (Pamela),**
*The Royal Abbey of Saint-Denis
from Its Beginnings to the
Death of Suger, 475-1151,*
New Haven, Londres, Yale
University Press, 1987.

*Le Roi, la sculpture et la mort.
Gisants et tombeaux
de la basilique de Saint-Denis,*
Archives départementales
de la Seine-Saint-Denis, 1975.

Romero (Anne-Marie),
*Saint-Denis. La montée des
pouvoirs,* Paris, CNMHS/
Presses du CNRS, 1993.

Wyss (Michaël), dir.,
*Atlas historique de Saint-Denis :
des origines au XVIIIe siècle,*
Paris, DAF/Maison des
sciences de l'homme, 1996.

Légendes

Couverture

1re : vue intérieure, au niveau
du bras nord du transept.
CMN/C. Rose.

4e : fouilles de la nécropole
mérovingienne en 1990,
Unité d'archéologie
de la ville de
Saint-Denis/O. Meyer.

1er rabat : transi de François Ier
par François Carmoy
et Pierre Bontemps,
vers 1552, marbre blanc,
CMN/P. Lemaître.

2e rabat : gisant de Marie
de Brienne (?), marbre noir
de Tournai, CMN/P. Lemaître.

2e rabat intérieur : griffon,
détail d'une baie de la deuxième
chapelle rayonnante nord
du chevet, CMN/P. Lemaître ;
projet de restauration
de l'église impériale
de Saint-Denis, par Eugène
Viollet-le-Duc : élévation
de la façade occidentale,
encre et aquarelle sur papier,
1860 (Paris, CRMH),
CMN/P. Cadet.

CMN : Centre des
monuments nationaux, Paris.

Crédits photographiques

Responsable de la collection
Alix Sallé
Coordination éditoriale
Vincent Bouvet
Correction
Marianne Perdu
Conception graphique
Atalante/Paris
Réalisation graphique
Marc Brugier
Suivi de fabrication
Carine Merse
Photogravure
**Scann'Ouest/Saint-
Aignan-de-Grand-Lieu**
Impression
**Néo-Typo/Besançon,
France**

Dépôt légal :
1re éd., juin 1998
Nouvelle édition :
juillet 2004